AF243064

OPINION D'UN ÉLECTEUR

A L'APPROCHE

DES ÉLECTIONS LÉGISLATIVES · DE 1885

Par le Docteur BRÉBANT

Président du Conseil d'arrondissement de Reims

REIMS

IMPRIMERIE ET LITHOGRAPHIE DE L'INDÉPENDANT RÉMOIS

6 — Rue Hincmar — 6

—

1885

OPINION D'UN ÉLECTEUR

A L'APPROCHE

DES ÉLECTIONS LÉGISLATIVES DE 1885

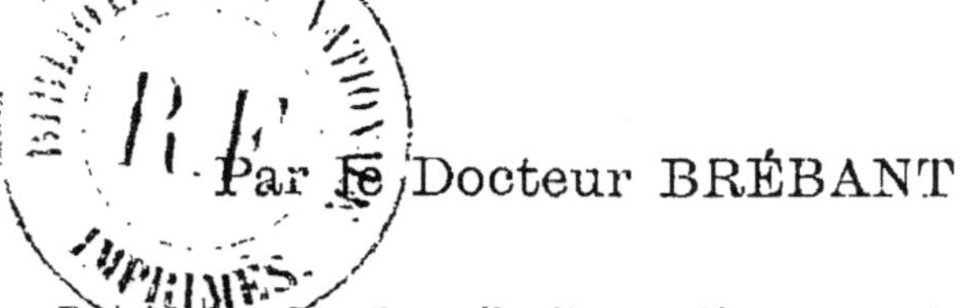

Par le Docteur BRÉBANT

Président du Conseil d'arrondissement de Reims

REIMS

Imprimerie et Lithographie de l'*Indépendant rémois*

6, Rue Hincmar, 6

——

1885

OPINION D'UN ÉLECTEUR

A L'APPROCHE

DES ÉLECTIONS LÉGISLATIVES DE 1885

PAR LE

Docteur BRÉBANT

Président du Conseil d'Arrondissement de Reims

Tous les citoyens, quels qu'ils soient, sont solidaires dans la bonne ou la mauvaise fortune du pays auquel ils appartiennent. Par conséquent, tout citoyen, si faible que soit son importance, a le droit d'élever la voix, dans certaines circonstances solennelles, et de communiquer à ses concitoyens les propositions qu'il croit sages.

L'approche des élections législatives est une de ces circonstances. J'accomplis mon devoir et je dégage ma responsabilité personnelle, en soumettant à mes concitoyens le programme suivant.

Ce programme se tiendra dans les bornes des grands intérêts généraux. Il ne sera entaché d'aucune visée locale. Il pourrait être, et ce serait bien heureux, le programme de la France entière.

Je m'efforcerai aussi de n'y faire entrer que des questions immédiatement pratiques. Je voudrais qu'il pût être considéré comme le mandat des quatre années de la législature prochaine.

Un premier point intéressant à considérer concerne les relations des deux assemblées qui composent le Parlement.

Les députés doivent-ils, par esprit de fidélité extrême aux principes, lutter contre le Sénat, tel qu'il est constitué ? Je pense que vous serez, avec moi, pour la négative.

Le Sénat devrait avoir des attributions particulières, bien déterminées et exclusives. Il n'en est pas ainsi malheureusement, dans notre Constitution imparfaite. Mais l'avenir modifiera les choses, et, en attendant, l'esprit républicain conservateur des sénateurs les empêchera d'empiéter sur les droits financiers de la Chambre des députés, droits financiers qui sont les plus importants de ceux que la Nation a toujours voulu confier à ses députés.

Vous ne pensez pas, sans doute, qu'il y ait lieu, pour le cours de la législature prochaine, de solliciter une révision de la Constitution au sujet du recrutement et des attributions du Sénat, encore moins, de demander sa suppression. Ce sont là des idées qu'il faut laisser à des hommes inconsidérés, pour lesquels les circonstances de la vie pratique n'existent pas, et qui ignorent les vrais principes de stabilité d'un organisme politique.

Nos députés doivent-ils se préoccuper de constituer, avant tout, une majorité de gouvernement ? Je touche, ici, un point bien délicat et tout plein d'équivoques, plus rempli encore de dangers. Ce point mérite quelques explications.

Si nous pouvions nous faire entendre de la France entière, nous dirions à tous les électeurs du pays : Nommez des députés dont le mandat soit uniforme. Pour qu'il soit uniforme, considérez seulement les questions importantes du moment, celles qui ont besoin d'une solution urgente, celles qui peuvent trouver cette solution dans le cours de la législature prochaine. Donnez sur ces points un mandat clair et déterminé à vos députés. S'ils sont ensuite fidèles à ce mandat, la Nation aura constitué une majorité indissoluble de gouvernement.

Dans ce cas, c'est l'idée commune et le devoir commun qui lient les députés en un faisceau invincible pour l'exécution des volontés de la Nation. Voilà la majorité de gouvernement nécessaire.

Mais prenons garde. Enchaînés que nous sommes encore dans les mesures soupçonneuses et fourbes des lois électorales de l'empire dernier, nous avons, nous, citoyens libres, 20 jours, y compris 5 jours de recueillement, pour nous occuper d'élection ; nous n'avons aucun moyen de nous mettre en relations sur toute l'étendue du territoire, comme il le faudrait. Comment, sans le droit de réunion, sans la liberté de discuter, entre nous, la politique qui est le grand intérêt patriotique du pays, comment pourrions-nous établir un grand courant d'opinion et une majorité de députés obligés à s'entendre entre eux par leur mandat même ? Nous ne le pouvons pas.

Il est donc bien certain que, dans les circonstances actuelles, les électeurs ne peuvent pas, volontairement et librement, préparer, par l'élection même, une majorité de gouvernement. Cependant les journaux républicains répètent à chaque instant, non-seulement aux électeurs, ce qui est bien et malheureusement impossible, mais aux députés élus : « Constituez une majorité de gouvernement, un parti de gouvernement, sinon vous tomberez dans une instabilité ministérielle pleine de troubles et d'inquiétudes pour le pays et aboutissant à l'impuissance. »

La pratique politique de ces dernières années a montré là un double péril. Ou les ministères tombent tour à tour, à bref délai, sans gloire et sans actions utiles ; ou, frappés des dangers de cette instabilité ministérielle, les députés se hâtent de s'unir et s'engagent à soutenir un ministère de contrainte et de nécessité. Dès lors, tous les ressorts du gouvernement sont faussés. Le ministère qui sait le besoin que la majorité a de lui, ne sent plus sa responsabilité, et, de fait, n'en a plus ; il se grise de ses propres idées, il se grise plus encore de son ascendant, il n'a plus qu'à faire œuvre d'habileté pour aller à ses fins particulières, et, par malheur, il entraine, enchaînés derrière lui, non-seulement le parlement, mais la nation tout entière.

Où donc est la solution que nous cherchons ? Elle est dans une réforme dont l'action ne pourra se faire sentir que dans les législatures subséquentes.

Nous devons courir encore les mêmes dangers, pendant la législature prochaine, malgré le scrutin de liste. Mais, pour sortir de cette situation périlleuse, nous devons mettre au premier rang des obligations du mandat de nos députés : le droit de réunion en matière politique et le droit de communication, par écrit seulement ou par délégués, entre les diverses réunions politiques. On interdira les manifestations dans la rue et les délégations nombreuses qui ressemblent à des mouvements menaçants plutôt qu'à des témoignages pacifiques.

Aussi bien, ce droit de réunion est indispensable au scrutin de liste et il est la condition première d'une réforme politique qui doit être placée au premier rang d'urgence, car elle seule peut permettre une organisation honnête et efficace du suffrage universel.

On ne discute plus le principe organique de la souveraineté du peuple.

On ne discute pas davantage sur le suffrage universel, comme procédé pratique de l'application de la souveraineté du peuple.

Tout cela est acquis.

Mais la manière dont le suffrage universel s'exerce et se prépare à son exercice, chaque fois qu'il est consulté, laisse beaucoup à dire.

On l'a voulu direct et, en même temps, on l'a voulu prompt à se décider; enfin, on l'a empêché de se préparer par l'étude des choses politiques et par le concert libre des intérêts nationaux.

Le suffrage universel, dans les conditions où il est contraint à s'exercer, est un jeu de hasard ou un danger épouvantable. Ainsi l'a constitué Napoléon III, qui voulait mettre la volonté nationale en poussière ou l'entraîner dans un courant factice au moyen de la presse enchaînée ou à ses gages.

Il est heureux pour notre pays que l'esprit public habituel soit inspiré, toujours, par le principe de la Révolution française. Sans cela, jamais la France ne serait revenue à la République qui est cependant sa vocation historique; et surtout, jamais, revenue à la République d'étiquette, elle n'aurait fait de la constitution de 1875 une constitution viable et républicaine, si, gardant comme elle l'a fait, les institutions électorales de l'empire, elle n'avait toujours trouvé, dans les idées de la Révolution française, les inspirations pratiques de sa vie depuis 15 ans.

Pour moi, c'est un miracle que la conservation de la République depuis 15 ans. Mais je n'aime pas à compter sur les miracles pour ma sécurité. J'aime, pour cela, la science exacte, la logique dans les institutions et les garanties d'un ordre légalement établi.

Le droit de réunion politique est un corollaire absolu de la souveraineté du peuple, car il ne peut y avoir de suffrage éclairé sans qu'il y ait communication libre des citoyens entre eux, entente possible des groupes politiques délibérants, pour la meilleure expression de leur opinion et de leurs vœux, et pour l'exacte représentation des citoyens par leurs députés élus.

Donc, abrogation des lois électorales politiques actuelles. Etablissement d'une loi électorale sincèrement respectueuse de la souveraineté du peuple, par conséquent permettant l'étude des réformes nécessaires, le choix éclairé des mandataires et le contrôle continu des actes de ces mandataires de tout rang.

Donc : Droit de réunions politiques.

Droit de communication entre elles pour les réunions politiques.

Etablissement d'une loi électorale républicaine.

Telles sont les premières et les seules réformes politiques que je demanderais à la législature prochaine.

———

La révision de la Constitution peut attendre sans danger. Cependant, il faut que les députés prennent l'engagement de ne nommer à la Présidence de la République, ni un prince, ni un soldat : cette précaution est de la dernière importance.

La séparation des Eglises et de l'Etat est une formule populaire qui convient aux républicains bruyants. Il suffit, à mon sens, de tenir provisoirement la main aux droits de l'Etat réservés et préservés dans le Concordat. Le moment psychologique viendra quand les générations nouvelles auront compris les droits publics de l'Etat et, en sens opposé, les droits exclusivement personnels de la liberté religieuse.

La réforme de la police dans les attributions qui lui sont dévolues et dans la soumission aux autorités dont elle doit relever, est une réforme qui peut être renvoyée à une époque ultérieure. Il en est de même de la réforme de la magistrature qui devrait être indépendante du pouvoir exécutif et relever directement de la nation comme les autres pouvoirs supérieurs de l'Etat.

Quelques réformes partielles, relatives aux frais de justice, pourront trouver place dans les ordres du jour de la législature prochaine.

Ce qui importe par dessus tout aujourd'hui, après les réformes politiques ci-dessus indiquées, ce sont les réformes économiques.

———

Les réformes économiques urgentes sont graves et nombreuses. Il en est qui doivent préoccuper constamment les députés et les ministres, ces réformes touchent l'esprit de conduite, la tendance permanente des pouvoirs législatif et exécutif en économie sociale. D'autres se résument dans une réforme de l'impôt et du budget qui en est la formule.

1° Réforme des tendances économiques.

Jusqu'ici, et, depuis Colbert et Louis XIV surtout, les pouvoirs publics ont considéré l'industrie, le commerce et le travail pour l'exportation comme la source première des richesses nationales, et, consécutivement, comme la base du bien-être pour le travail national, le commerce national et l'industrie nationale. L'armée, la marine, les colonies étaient les moyens dont l'Etat devait se servir pour créer des débouchés commerciaux extérieurs, pour obtenir des traités avantageux avec les peuples éloignés et pour devancer ou vaincre la concurrence des nations européennes, nos rivales ; c'est de là que vient la doctrine de l'expansion coloniale, doctrine qui n'est pas nouvelle.

Le commerce d'exportation sollicite le travail d'exportation, celui-ci alimente l'industrie et l'agriculture nationales, tout le bien-être s'enchaine à la première combinaison.

Tant que les nations européennes ne furent pas en état de lutter avec nous sur leur propre marché et sur les marchés étrangers, le point de départ économique de nos institutions financières put être considéré comme exact.

Mais les temps ont marché, nos voisins nous ont imités ; ils sont en état de nous vaincre aujourd'hui ; il faut examiner froidement les faits et les circonstances.

Baser l'économie politique d'une nation sur son commerce d'exportation et subordonner l'état intérieur à cette première combinaison, est-il une chose sage, et sortant d'un principe indiscutable ? L'expérience et la réflexion montrent le contraire.

Le premier principe social pour une nation c'est d'établir et de préserver sa sécurité et son indépendance. Cela ne peut se faire que par des institutions intérieures fermes et sagement combinées. Il faut qu'une nation, en ce qui lui est nécessaire, ne dépende d'aucune autre.

De là ce corollaire immédiat : qu'une nation, pour tout ce qui doit la nourrir, la conserver et la défendre, ne doit dépendre que d'elle-même, c'est-à-dire de ses productions personnelles.

Supposez une guerre maritime ou terrestre avec une nation ennemie, il faut que le pays trouve en lui-même tout ce qui lui est nécessaire pour se nourrir, se vêtir, se loger et faire la guerre.

Rien de tout cela ne peut nous venir d'une façon certaine par des importations du dehors. Comment d'ailleurs continuer à fournir aux exportations, quand les voies de transport sont fermées ou employées à la défense du pays, quand les citoyens valides sont appelés sous les drapeaux, quand les matières premières, habituellement puisées au dehors, n'ont plus accès dans le pays ?

Il faut que le pays se suffise en temps de guerre, et, par conséquent, il faut qu'un pays, en toute circonstance, puisse se suffire. Cette vérité indéniable a une conséquence, c'est que la sécurité et l'indépendance d'une nation ne peuvent être garanties que par ses productions intérieures, c'est-à-dire par ses mines, par son agriculture et par son industrie nationale, et, par conséquent, un gouvernement sage doit prendre pour pivot de l'Etat, les mines, l'agriculture, et l'industrie nationales.

Ces principes posés, examinez nos institutions économiques et vous verrez que l'Etat fait les plus lourdes dépenses pour les moyens de transport à l'étranger, et néglige les moyens de transport intérieur, ou ne s'en occupe que plus tard ; vous verrez qu'il entretient une marine, une armée spéciale, des ports et des arsenaux, pour créer, entretenir et défendre des débouchés extérieurs à l'avantage de l'exportation, quand, au contraire, il demande à l'agriculture et à l'industrie nationales d'aider, par leurs sacrifices, des industries d'exportation qui les privent de leur main-d'œuvre, qui enchérissent cette main-d'œuvre, et qui les exposent aux révoltes iniques des ouvriers de grande industrie abandonnés aux misères des chômages ; vous verrez que la grande industrie donne la haute main au capital, en décide l'accumulation en des mains peu nombreuses, fait alliance avec l'agiotage, prend pied dans les conseils de l'Etat, détermine à son profit les aventures guerrières, et finalement écrase le travail et l'agriculture. Je ne veux pas poursuivre plus loin ces conséquences. On pourrait croire que je suis un ennemi de la grande industrie, des capitaux, du commerce d'exportation, etc. Je ne suis rien de semblable. Je dis seulement et je maintiens que l'Etat, que le législateur, que nos députés, par conséquent, ne doivent pas subordonner le bien-être et la sécurité intérieurs, au succès et aux hasards du commerce extérieur.

Il faut au contraire subordonner le commerce extérieur à l'industrie et à l'agriculture nationales. Si cela avait lieu, on verrait le travail pour l'intérieur se multiplier, les produits de consommation intérieure être en surabondance, le prix des consommations diminuer, les salaires devenir moins exigeants, les populations ne pas craindre de procréer des enfants, et l'industrie d'exportation, à son tour, trouvant une population plus nombreuse, mieux nourrie et à moindres frais, pourrait maintenir son avance en habileté pratique, vaincre la concurrence étrangère et rencontrer plus facilement au dehors les débouchés dont elle a besoin.

Compter sur l'industrie et le commerce d'exportation pour commanditer et faire prospérer l'industrie et l'agriculture nationales, c'est prendre le possible à l'envers.

Il faut, au contraire, compter sur l'agriculture et l'industrie nationales pour augmenter les produits de consommation, en diminuer le prix, multiplier la population, offrir la main-d'œuvre à bas prix et alimenter directement soit le commerce d'exportation, par la fourniture de leurs produits, soit l'industrie d'exportation, ne serait-ce que par le travail dans de bonnes conditions.

Pour conclure cet article, il faudrait que nos députés, nos sénateurs et surtout le gouvernement changeassent absolument leur point de vue dans la direction économique de l'Etat.

Mais, hélas ! Qui sera assez intègre et assez fort pour résister à la haute banque et à la haute finance? Qui même sera assez ferme pour ne pas accepter la reconnaissance sonnante de ces Philistins sans patrie?

2° Allégement du budget des rentes d'Etat par un impôt sur le capital.

Notre budget est écrasant. Son assiette pourra être déclarée inique tant qu'y figureront les impôts indirects frappant les objets de consommation et de nécessité, tant que le travail forcé paiera la sécurité des capitaux libres et des propriétés de toute nature.

Cette réforme du budget est de première nécessité, elle est urgente au plus haut point, cependant on doit avouer que, si nous restons dans l'état de paix sociale où nous vivons, chose désirable, les esprits ne sentiront pas assez le glaive tendu de la nécessité pour s'exciter à résoudre rapidement les difficultés de l'entreprise. Il est donc probable que, tout ce que l'on pourra faire en cette législature prochaine, sera de poser la question officiellement et de préparer les matériaux de la solution à intervenir.

Mais il est un point qui ne doit supporter aucun délai, c'est le remboursement des emprunts de guerre qui grèvent le premier chapitre du budget des finances.

Il est absolument intolérable de faire supporter à nos descendants le résulat de nos fautes. Nous ne devrions laisser vivre au budget que les dettes de travaux publics et de mise en état de défense du pays. Tout le reste, et ce reste est d'une quinzaine de milliards, devrait disparaître du budget dans un délai aussi court que possible.

Mais comment faire disparaître cette énorme dette ? Est-ce au moyen de la caisse d'amortissement qui s'alimente par les ressources ordinaires du budget et qui ne craint pas, quand il le faut, de mordre à des emprunts nouveaux? Non. Il faut employer un moyen plus viril et plus énergique.

Frapper dans ce but exclusif un impôt de un pour cent sur le capital, c'est-à-dire sur la fortune nette et réelle de la France.

En moins de dix ans, vous aurez pu rembourser leurs capitaux aux prêteurs.

Ne craignez pas, cet impôt ne prendra rien à ceux qui n'ont rien ; ceux à qui il demandera pourront payer.

Ne faites pas de conversion, bien que vous en ayez le droit. La conversion revient à une négation partielle de dettes et au refus de payer une partie de ce que l'on doit.

Quand vous aurez remboursé les prêteurs, ils chercheront des revenus pour les capitaux rentrés dans leur caisse ; alors, la rente diminuera, le capital s'offrira à la demande ; il viendra commanditer et créditer l'agriculture et toutes les formes du travail national.

— Il n'en sera pas ainsi, dites-vous ; le capital remboursé ira chercher, à l'étranger, des placements plus lucratifs que la commandite du travail intérieur.— Peut-être bien, en effet, le capital vous démontrera-t-il, à nouveau, qu'il n'a pas de patrie. Cette démonstration vous rappellera que, placé chez vous, en temps de guerre, le capital dont vous devez les rentes est un boulet que vous traînez à vos pieds, qui surcharge le sac de chacun de vos soldats, qui diminue vos munitions de guerre et qui déconseille l'énergie, le courage et le patriotisme aux chefs qui nous commandent.

S'il est un fardeau dangereux dans la guerre, accablant et inique, pendant la paix, c'est la dette des emprunts de guerre civile et de guerre étrangère, consolidée dans nos budgets.

Déchargez le travail annuel, le travail imposé à chacun, des soins de payer les dettes de guerre. Chargez-en le capital. Il n'en sera pas diminué, puisqu'il n'aura que changé de caisse.

Lorsque vous aurez allégé les charges du budget, vous pourrez améliorer successivement les articles qui le composent. Vous ferez disparaître l'impôt sur les boissons, l'impôt sur le sucre, l'impôt du timbre ; vous transformerez l'enregistrement ; vous diminuerez les frais de justice ; vous rendrez les mutations de biens plus faciles et moins onéreuses, et vous pourrez créer, partout, une assurance contre la misère imméritée.

Tout cela se fera, n'en doutez pas. Tous nos impôts critiquables ont été établis comme temporaires et provisoires ; et ils ont duré ; ils durent encore. Il faut bien espérer que l'impôt de 1 pour 0/0 sur le capital net n'aura pas la vie moins assurée et moins durable. Une fois établi, son équité ne devra pas compromettre sa durée. Dans tous les cas, le suffrage universel y veillera.

En résumé, voici un mandat sérieux, pratique et réalisable pour la législature prochaine.

Réserver la révision de la Constitution pour des temps plus opportuns, et cependant, faire prendre aux députés l'engagement de ne nommer à la Présidence de la République, ni un prince, ni un soldat.

Prier nos députés de s'unir en majorité de gouvernement, en s'inspirant exclusivement des intérêts généraux du pays, et en prenant garde d'obéir au désir de maintenir, à tous prix, les ministères.

Pour permettre la constitution de majorités de gouvernement, et surtout pour donner plus d'autorité et de sagesse au suffrage universel, rapporter les lois électorales politiques de l'empire dernier, et accorder :

    1° Le droit de réunion politique ;

    2° Le droit de communication entre elles des assemblées politiques ;

    3° L'établissement d'une loi électorale politique républicaine.

Réserver la séparation des Eglises et de l'Etat, et, en attendant, exécuter, mais surtout, faire exécuter le Concordat.

Réserver les réformes de la police et de la magistrature.

Réformer les lois relatives aux frais de justice.

Mais surtout :

Renverser les inspirations économiques de l'Etat ; placer au premier rang de ses devoirs économiques, le maintien, la protection et le progrès de l'Agriculture et de l'Industrie intérieure ;

Placer au second rang le maintien, la protection et le progrès du Commerce et de l'Industrie d'exportation.

Régler, bien vite, avec prudence, les engagements actuels ayant pour but l'expansion coloniale, c'est-à-dire les débouchés pour le Commerce et l'Industrie d'exportation.

Se garder de toute compromission avec la haute banque et la haute finance, soit dans l'administration ou l'attribution des chemins de fer et des mines, soit dans des engagements d'expéditions téméraires aboutissant tous à des emprunts dont vivent la banque et les financiers.

Payer le plus tôt possible les dettes de l'Etat qui ont pour origine les guerres civiles ou les guerres étrangères, et pour cela, y appliquer exclusivement :

Un impôt de 1 pour 0/0 sur le capital net.

Décharger ensuite et supprimer, au fur et à mesure, les impôts indirects frappant les produits de consommation ou les produits agricoles.

Créer une assurance nationale contre la misère imméritée.

REIMS. — J. JUSTINART. INDÉPENDANT RÉMOIS